29 Avril 1882.

TABLEAUX

MODERNES

Vᵉ RENOU, MAULDE et COCK

IMPRIMEURS DE LA COMPAGNIE DES COMMISSAIRES-PRISEURS

Rue de Rivoli, 144

CATALOGUE

DE

TABLEAUX MODERNES

AQUARELLES ET DESSINS

MINIATURES

Dont la vente aura lieu

HOTEL DROUOT

SALLE N° 8

Le Samedi 29 Avril 1882

A DEUX HEURES

EXPOSITION PUBLIQUE

Le Vendredi 28 Avril 1882

M° Henri LECHAT	M. COURNERIE
COMMIS^{re}-PRISEUR	PEINTRE-EXPERT
rue Baudin, 6 (square Monthoion)	rue de la Tour-d'Auvergne, 32

CHEZ LESQUELS ON TROUVE LE CATALOGUE.

PARIS — 1882

CONDITIONS DE LA VENTE

Elle sera faite expressément au comptant.

Les Adjudicataires paieront, CINQ POUR CENT, en sus des adjudications applicables aux frais de vente.

—

TABLEAUX

—

ANTIGNA

1 — Vieux Mendiant.

BERGERET

2 — Abricots, Cerises et Figues.

BLUM (Maurice)

3 — Intérieur de cabaret sous Louis XV.

BOUDIN

4 — Marine.
5 — Laveuses à Deauville.

CAPELLI

6 — Tête de jeune fille.
7 — Tête de vieillard.

CIVIAL (Marius)

8 — Intérieur de ferme.

COCK (César de)

9 — Rivière de l'Epte, à Gasny (Eure).
10 — Marine.
11 — Dans les bois de Sèvres.

COROT

12 — Route sous bois.
13 — Lisière de forêt.

COUDER

14 — Raisins.
15 — Le Cellier.

DEBRAKELER

16 — Jalousie.

DIAZ (N.)

17 — Sous-Bois.

18 — Tête de femme (Esquisse).

19 — Paysage (Attribué à).

20 — **Nymphe et Amour** (Attribué à).

DRUJEON (A.)

21 — Animaux près d'une mare.

DUPRÉ (VICTOR)

22 — Paysage et Animaux.

23 — Paysage au bord de la mer.

DUVIEUX

24 — Vue de Constantinople.

EBNER

25 — Sujet de genre.

FRANCK

26 — L'Adoration des Mages.

reliure sur cuivre.

GABÉ

27 — Bateau à marée basse.

GALLARD-LÉPINAY

28 — Barque de pêche rentrant au port.

GAUBAUL

29 — Le Gloria.

GÉRARD

30 — Bords de la Seine.
31 — Paysage.

GITTARD (A.)

32 — Chemin sous bois.
33 — Au Bord de l'eau.

GRISON

34 — Le Sommelier.

GUDIN

35 — Marine à Venise.
36 — Marine.
37 — Marine.

GUILLEMIN

38 — Esquisse.

HEULLANT

39 — Personnages dans un parc.

INCONNU

40 — La Lettre de recommandation.

JACQUE (Ch.)

41 — Intérieur de bergerie.

JACQUE (D'après)

42 — Moutons dans un paysage.

JEANNIN

43 — Bouquet de roses.

LAMBRON

44 — Après le bal masqué.

LAPOSTOLET

45 — Marine.
46 — Marine.

LAZERGES

47 — Négresse et son enfant.

LÉVY

48 — Poules dans une basse-cour.

MICHEL

49 — Paysage.

MONZIÈS

50 — Paysage avec figures.

NOTERMAN

51 — Singe sur un chien.
52 — Singe franchissant une barrière.

OUVRIÉ (Justin)

53 — Vue de La Haye.
54 — Vue de Suisse.
55 — Falaises d'Etretat.

PELOUSE

56 — Chaumière à Clais-Fontaine.

PETIT-JEAN

57 — Une rue de village.

POMEY

58 — Nature morte.

RAFAELLI

59 — Le Repasseur.

RIBÉRA

59 *bis* — Tête de femme.

ROQUEPLAN

60 — Tête de jeune femme.

ROZIER (J.)

61 — Verger normand.
62 — La Seine, près Vernon.
63 — Bestiaux au pâturage.

SAINT-MEURIS

64 — Soleil couchant.
65 — Bords de l'Oise.

SCHLESINGER

66 — Jeune Femme au théâtre.
67 — Jeune Fille jouant avec une perruche.
68 — Méditation.

SAUNIER (Oct.)

69 — Paysage.

Étude.

70 — Paysages.

Étude.

SAUZAY

71 — Paysage et Animaux.

SOULACROIX

72 — Femme italienne dans les environs de Rome.

TROUILLEBERT

73 — Bords de la Marne.

TROYON (C.)

74 — Paysage.

VAN MARCKE (D'après)

75 — Animaux dans un paysage.
76 — Animaux dans un paysage.

VERNET (Joseph)

77 — La Cascade.

78 — Le Lac.

VEYRASSAT

79 — Chevaux de halage.

WALKER

80 — Bouffon avec ses faucons et ses chiens.

81 — Singes et Chiens savants.

YON (Edmond)

82 — La Marne, à Villiers-sur-Morin.

AQUARELLES ET DESSINS

—

ALLONGÉ

83 — Le Pont du torrent.

Dessin.

BONVIN

84 — Bouquet de roses.

Aquarelle.

COROT

85 — Paysage.

Dessin.

DAUBIGNY

86 — Souvenir d'Orient.

Dessin:

DAUMIER

87 — Dessin.

DECAMPS

88 — Souvenir d'Algérie.

FRANTZ

89 — Pêcheurs.
90 — Marine (Effet de nuit).

Aquarelle.

FRÈRE (Th.)

91 — Intérieur de café à Alger.

92 — Une rue d'Alger.

Aquarelles.

FROMENTIN

93 — Arabe.

Aquarelle.

GAVARNI

94 — Grisette.

Aquarelle.

95 — Le Philosophe.

HARPIGNIES

96 — Paysage.

Aquarelle.

97 — Paysage.

Aquarelle.

KOEKKOEK (B.-C.)

93 — Paysage avec figures.

Dessin signé.

INCONNU

99 — Charles Ier.

Aquarelle.

JAPY

100 — Paysage.

Sépia.

LAMI (Eugène)

101 — Le duc d'Orléans et son état-major.

Aquarelle.

LAZERGES

102 — Le Rêve.

Crayon noir.

103 — Baigneuse.

Mine de plomb.

104 — Étude de femme.

LE BAS (H.)

105 — Paysage (Effet de soleil couchant).

Aquarelle.

LESSI

106 — Moine.

Aquarelle

MONIER (HENRY)

107 — Conférence après diner.
108 — Au Théâtre.

Aquarelles.

ORLANDO (NORIE)

109 — Chasseurs de la garde en permission.

Aquarelle.

PASINI

110 — Boutiques de marchands en Perse.

Sépia.

PRUD'HON

111 — Frise composée d'amours.

Deux crayons.

RAFFET

112 -- Général Bonaparte et le Directoire.

RAUBER (De)

113 — A l'église.

Aquarelle.

RIVOIRE

114 — Fleurs.

Aquarelle.

ROSWAG

115 — Le Rendez-vous.

Aquarelle.

SCHULLER

116 — Bouquet de roses.
117 — Bouquet de lilas.

Aquarelles.

THOLER

118 — Tête.

Mine de plomb

119 — Tête de jeune fille.

Mine de plomb.

TOURNEMINES (De)

120 — Marine.

Aquarelle.

VOLLON

121 — Paysage.

Important dessin.

WORMS

122 — Le Commissionnaire.
(Vente Gil-Pérès).

Aquarelle.

---

123 — Diverses Pièces, Aquarelles, Dessins anciens et modernes, Croquis (Sera divisé).

MINIATURES, TABLEAUX ANCIENS
ET BRONZES

ÉCOLE FRANÇAISE

124 — Importante Miniature de Marie-Antoinette.

> Elle est debout, près d'un petit autel, sur lequel brûlent des parfums.

125 — Grande Miniature représentant Madame Saint-Huberti dans le rôle de Babet.

126 — Un Volume de Poésies par le cardinal de Bernis, reliure du temps et une Carte de visite écrite de sa main.

127 — **Drouais.** Portrait du cardinal de Bernis.

128 — **Pradier.** Atalante.

129 — **Pradier.** La Danse.

130 — **Houdon.** La Cigale.

131 — **Inconnu.** Chasseur et ses chiens.

Vᵒ Renou, Maulde et Cock, imprs de la Compagnie des Commissaires Priseurs, rue de Rivoli, 144.   27570